Male für jede Seite, die du bearbeitet hast, einen Stern aus.

Viel Freude!

4

5 6 7 8 9 10

11 12 13 14 15 16 17 18

19 20 21 22 23 24 25 26

27 28 29 30 31 32 33 34

35 36 37 38 39 40 41 42

43 44 45 46 47 48 49 50

Über mich!

Mein Name ist ______________________________ .	Name
Ich bin ein _________________________________ .	Junge, Mädchen
Ich habe ____________________________ Haare	lange, kurze, schwarze, blonde, braune, rote
und ________________ Augen.	blaue, grüne, braune
Meine Schuhgröße ist ______ .	31, 32, 33 ...
Mein Gesicht ist _______________ .	schmal, oval, breit, rund
Im Moment habe ich ______________ Zahnlücke/n.	eine, zwei, drei, vier ...
Ich trage _____________________________ .	Pulli, T-Shirt, Rock, Hose, Hemd, Bluse, Brille
Ich habe __________ Bruder/Brüder	einen, zwei, drei ...
und _________ Schwester/n.	eine, zwei, drei ...
Mein Wohnort ist ______________________________ .	Name
Die Schule, in die ich gehe, heißt ____ .	Name
Ich gehe __________________ in die Schule.	gern, ungern
Mein/e Freund/in heißt _________________________ .	Name

Ich beschreibe meine/n Freund/in

Name	Ihr/Sein Name ist ______________________ .
Junge, Mädchen	Sie/Er ist ein _________________________ .
lange, kurze, schwarze, blonde, braune, rote	Sie/Er hat _____________________ Haare
blaue, grüne, braune	und ____________ Augen.
31, 32, 33 ...	Ihre/Seine Schuhgröße ist _____ .
schmal, oval, breit, rund	Ihr/Sein Gesicht ist ____________ .
eine, zwei, drei, vier ...	Im Moment hat sie/er __________ Zahnlücke/n.
Pulli, T-Shirt, Rock, Hose, Hemd, Bluse, Brille	Sie/Er trägt _________________ .
einen, zwei, drei ...	Sie/Er hat ________ Bruder/Brüder
eine, zwei, drei ...	und _______ Schwester/n.
Name	Ihr/Sein Wohnort ist ____________________ .
Name	Die Schule, in die sie/er geht, heißt ____________________________________ .
gern, ungern	Sie/Er geht ______________ in die Schule.
Name	Ihr/Sein Freund/in heißt __________________ .

So werden meine Geschichten gut!

☐ Ich merke mir viele verschiedene Satzanfänge!

Bald darauf … ☐
Bald … ☐
Jetzt … ☐
Aber … ☐
Trotzdem … ☐

Da … ☐
Nun … ☐
Gemeinsam … ☐
Leider … ☐
Zuletzt … ☐

Zum Schluss … ☐
Mit letzter Kraft … ☐
Sofort … ☐
Mit Hilfe von … ☐

Anschließend … ☐
Auf einmal … ☐

Dann … ☐
Begeistert … ☐
Danach … ☐

Vergeblich … ☐
Zu Beginn … ☐
Während … ☐

Obwohl … ☐
Plötzlich … ☐
Ohne … ☐
Schnell … ☐

Als … ☐
Endlich … ☐
Zuerst … ☐
Am Ende … ☐

☐ Ich decke nun die Wörter ab und kann ☐ Satzanfänge aufzählen!

☐ Ich lese mir noch einmal alle Wörter durch!

Ich putze meine Zähne

- [ ] Beschreibe genau, was du tust, wenn du dir die Zähne putzt!
- [ ] Verwende immer andere Satzanfänge!

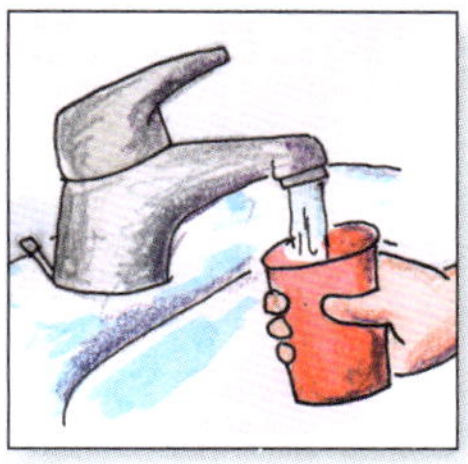

Becher mit Wasser füllen

Zuerst befülle ...

Zahnpasta auf die Bürste geben

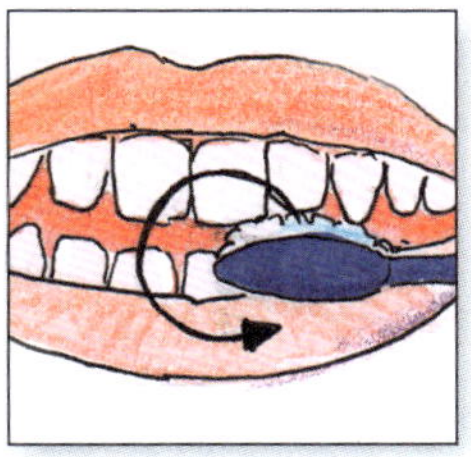

in Kreisen putzen

3 Minuten lang

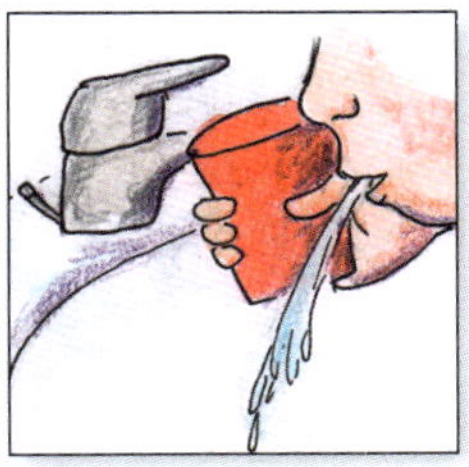

Mund mit Wasser ausspülen

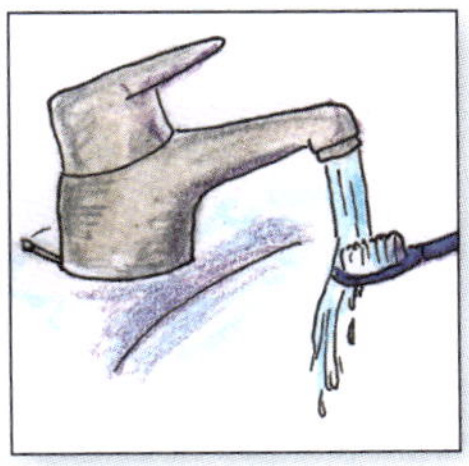

Zahnbürste mit Wasser abspülen

☐ Schau dir die zwei Bilder an!

☐ Wie nennst du die beiden Kinder? ______________________________

☐ Wo spielt die Geschichte? ______________________________

☐ Wie fühlen sich die Kinder? ☐ neugierig ☐ traurig ☐ überrascht ☐ enttäuscht

☐ Nun schreibe zur Bildergeschichte! ☐ Finde eine passende Überschrift!

____

Überschrift

____

____

____

____

____

____

____

____

Mein Tagesablauf

aufstehen

Am Morgen stehe ...

Bad

Schulbeginn

Schulschluss

Am Nachmittag

Abendessen

ins Bett gehen

So werden meine Geschichten richtig gut!

Meine Checkliste

- [ ] Wo spielt meine Geschichte?
- [ ] Wann spielt meine Geschichte?
- [ ] Wer spielt mit?
- [ ] Ich erzähle in der richtigen Reihenfolge.
- [ ] Ich lasse meine Personen auch mal sprechen.
- [ ] Meine Sätze beginnen immer anders.
- [ ] Ich finde eine passende Überschrift.
- [ ] Meine Geschichte hat einen Schluss.
- [ ] Ich benutze viele Adjektive.
- [ ] Ich schreibe spannend / lustig / traurig.
- [ ] Zum Schluss lese ich meine Geschichte noch einmal durch und kontrolliere sie auf Rechtschreibfehler.
- [ ] Wenn ich möchte, trage ich meine Geschichte laut und fließend jemandem vor.

Diese Seite ist sehr wichtig. Lies dir noch einmal durch, wie deine Geschichten so richtig gut werden!

Noch ein Tipp!

- [ ] Benutze nicht immer die gleichen Verben!
- [ ] Überlege immer, welche Verben am besten passen!

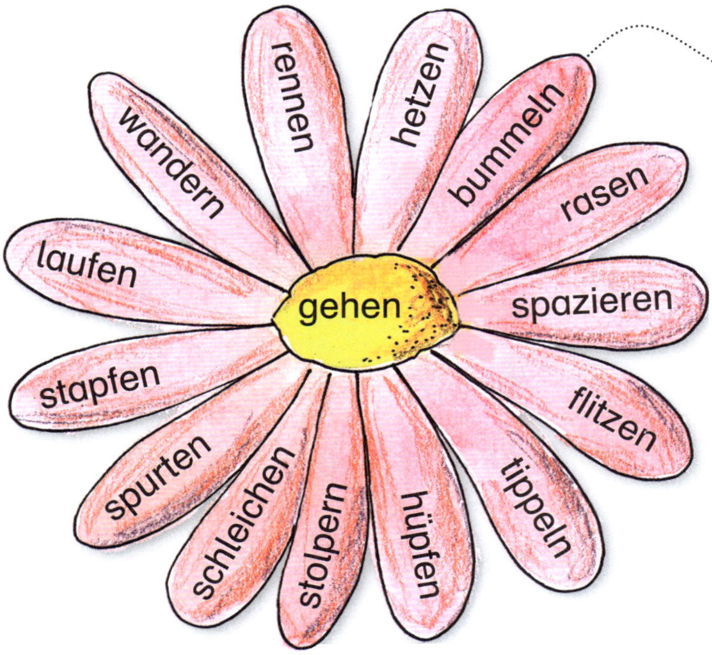

Verben für »gehen«

bum

Verben für »sehen«

☐ Erfinde zu diesen Wörtern eine Geschichte!

☐ Alle Wörter sollten mindestens einmal vorkommen.

Schule ☐ Probealarm ☐ Angst ☐

Kinder zählen ☐ Zu zweit aufstellen ☐ Schulhof ☐

Überschrift

Meine Checkliste

- ☐ Wo spielt meine Geschichte?
- ☐ Wann spielt meine Geschichte?
- ☐ Wer spielt mit?
- ☐ Ich erzähle in der richtigen Reihenfolge.
- ☐ Ich lasse meine Personen auch mal sprechen.
- ☐ Meine Sätze beginnen immer anders.
- ☐ Ich finde eine passende Überschrift.
- ☐ Meine Geschichte hat einen Schluss.
- ☐ Ich benutze viele Adjektive.
- ☐ Ich schreibe spannend / lustig / traurig.
- ☐ Zum Schluss lese ich meine Geschichte noch einmal durch und kontrolliere sie auf Rechtschreibfehler.
- ☐ Wenn ich möchte, trage ich meine Geschichte laut und fließend jemandem vor.

Das ist Nelli. Aber Nelli ist verloren gegangen.

☐ Hilf ihn zu finden, indem du ihn ganz genau beschreibst!

Was ist es?	Nelli ist
Wie groß?	Er ist
Welches Fell? Welche Farbe? Wie lang?	Sein Fell
Augen? Schnauze?	
Kleidung?	Er trägt
Besonderheiten?	Am linken Arm

☐ Schreibe nun noch einmal den Text ab!

Wir suchen Nelli

Nelli ist ...

Wer ihn findet, melde sich bitte bei Familie Schmidt!

☐ Schreibe eine spannende Geschichte!
Diese Wörter könnten dir helfen!

unheimlich dunkel gruselig Licht
Nacht riesengroß allein

Überschrift

Meine Checkliste

- ☐ Wo spielt meine Geschichte?
- ☐ Wann spielt meine Geschichte?
- ☐ Wer spielt mit?
- ☐ Ich erzähle in der richtigen Reihenfolge.
- ☐ Ich lasse meine Personen auch mal sprechen.
- ☐ Meine Sätze beginnen immer anders.
- ☐ Ich finde eine passende Überschrift.
- ☐ Meine Geschichte hat einen Schluss.
- ☐ Ich benutze viele Adjektive.
- ☐ Ich schreibe spannend / lustig / traurig.
- ☐ Zum Schluss lese ich meine Geschichte noch einmal durch und kontrolliere sie auf Rechtschreibfehler.
- ☐ Wenn ich möchte, trage ich meine Geschichte laut und fließend jemandem vor.

Noch ein Tipp!

☐ Verwende passende Adjektive!

☐ Ordne zu!

☐ ruhig	☐ erschrocken	☐ gemütlich	☐ fürchterlich	☐ niedlich
☐ brüllend	☐ schreiend	☐ wütend	☐ hell	☐ gründlich
☐ lieb	☐ heftig	☐ leise	☐ sanft	☐ hübsch
☐ grässlich	☐ stürmisch	☐ nett	☐ bezaubernd	☐ feurig
☐ laut	☐ regnerisch	☐ klein	☐ gruselig	☐ sonnig
☑ wunderschön	☐ mutig	☐ dunkel	☐ unheimlich	☐ finster

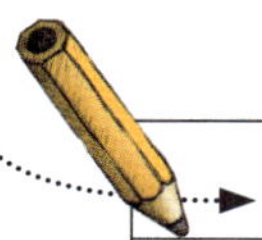

»nette« Adjektive	negative Adjektive
wunderschön	

- ☐ Schreibe zu diesen Bildern die passende Geschichte!
- ☐ Finde eine passende Überschrift!

Checkliste

- ☐ Namen?
- ☐ Wo?
- ☐ Wie fühlen sich die Personen?

Überschrift

☐ Schau dir das Bild lange und genau an!
Sicherlich fällt dir eine gute Geschichte dazu ein.

☐ Gib den Personen Namen! Schreibe nun!

Überschrift

Meine Checkliste

- ☐ Wo spielt meine Geschichte?
- ☐ Wann spielt meine Geschichte?
- ☐ Wer spielt mit?
- ☐ Ich erzähle in der richtigen Reihenfolge.
- ☐ Ich lasse meine Personen auch mal sprechen.
- ☐ Meine Sätze beginnen immer anders.
- ☐ Ich finde eine passende Überschrift.
- ☐ Meine Geschichte hat einen Schluss.
- ☐ Ich benutze viele Adjektive.
- ☐ Ich schreibe spannend / lustig / traurig.
- ☐ Zum Schluss lese ich meine Geschichte noch einmal durch und kontrolliere sie auf Rechtschreibfehler.
- ☐ Wenn ich möchte, trage ich meine Geschichte laut und fließend jemandem vor.

☐ Erfinde zu diesen Bildern eine Geschichte!

Bevor du anfängst, beantworte folgende Fragen!

Welche Jahreszeit ist in deiner Geschichte? ______________________________

Wie heißen die Kinder? ______________________________

Wo spielt deine Geschichte? ______________________________

____

Überschrift

____

____

____

____

____

Meine Checkliste

- [ ] Wo spielt meine Geschichte?
- [ ] Wann spielt meine Geschichte?
- [ ] Wer spielt mit?
- [ ] Ich erzähle in der richtigen Reihenfolge.
- [ ] Ich lasse meine Personen auch mal sprechen.
- [ ] Meine Sätze beginnen immer anders.
- [ ] Ich finde eine passende Überschrift.
- [ ] Meine Geschichte hat einen Schluss.
- [ ] Ich benutze viele Adjektive.
- [ ] Ich schreibe spannend / lustig / traurig.
- [ ] Zum Schluss lese ich meine Geschichte noch einmal durch und kontrolliere sie auf Rechtschreibfehler.
- [ ] Wenn ich möchte, trage ich meine Geschichte laut und fließend jemandem vor.

☐ Du hast bestimmt sehr viel Fantasie, um zu diesem Bild eine tolle Geschichte zu schreiben.

☐ Gib den Kindern Namen! Schreibe nun!

Überschrift

Meine Checkliste

- ☐ Wo spielt meine Geschichte?
- ☐ Wann spielt meine Geschichte?
- ☐ Wer spielt mit?
- ☐ Ich erzähle in der richtigen Reihenfolge.
- ☐ Ich lasse meine Personen auch mal sprechen.
- ☐ Meine Sätze beginnen immer anders.
- ☐ Ich finde eine passende Überschrift.
- ☐ Meine Geschichte hat einen Schluss.
- ☐ Ich benutze viele Adjektive.
- ☐ Ich schreibe spannend / lustig / traurig.
- ☐ Zum Schluss lese ich meine Geschichte noch einmal durch und kontrolliere sie auf Rechtschreibfehler.
- ☐ Wenn ich möchte, trage ich meine Geschichte laut und fließend jemandem vor.

☐ Stell dir vor, du bist mit deiner Klasse auf Klassenfahrt.
Du schreibst deinen Eltern einen Brief und malst ein Bild dazu.

Diese Überlegungen helfen dir!

- ☐ Begrüßung
- ☐ Wo bist du?
- ☐ Mit wem schläfst du in einem Zimmer?
- ☐ Erzähle in der richtigen Reihenfolge!
- ☐ Was habt ihr für Ausflüge gemacht?
- ☐ Wie ist das Wetter?
- ☐ Was könntest du malen?
- ☐ Verabschiedung

__________, __________

Ort Datum

Liebe/r __________

Mein Bild

Eure/Euer __________

☐ Nun hast du den Brief gefaltet und in einen Briefumschlag gesteckt.
Was schreibst du vorn auf den Briefumschlag?

Absender:

Dein Vor- und Nachname

Denke dir einen Straßennamen und eine Hausnummer aus!

Denke dir eine Postleitzahl und eine Stadt aus!

Male die Briefmarke an!

Vor- und Nachnamen der Eltern

Straßenname und Hausnummer

Postleitzahl Ort / Stadt

☐ Schreibe eine Geschichte über diese alte Tür!

Hilfekasten

Wo ist diese Tür?

Wer sieht sie?

Was ist dahinter?

Wer öffnet sie?

Wie kommt man hinein?

Überschrift

Meine Checkliste

- ☐ Wo spielt meine Geschichte?
- ☐ Wann spielt meine Geschichte?
- ☐ Wer spielt mit?
- ☐ Ich erzähle in der richtigen Reihenfolge.
- ☐ Ich lasse meine Personen auch mal sprechen.
- ☐ Meine Sätze beginnen immer anders.
- ☐ Ich finde eine passende Überschrift.
- ☐ Meine Geschichte hat einen Schluss.
- ☐ Ich benutze viele Adjektive.
- ☐ Ich schreibe spannend / lustig / traurig.
- ☐ Zum Schluss lese ich meine Geschichte noch einmal durch und kontrolliere sie auf Rechtschreibfehler.
- ☐ Wenn ich möchte, trage ich meine Geschichte laut und fließend jemandem vor.

☐ Stell dir vor, du lebst in der Zukunft und bist schon ein erwachsener Mensch.

Wo lebst du?

Hast du eine Familie mit Kindern?

Hast du Haustiere?

Was ist dein Beruf?

☐ Schreibe auf, wie du dir dein Leben später wünschst!

☐ Füge auch hinzu, was du dir für später gar nicht wünschst!

Überschrift

Meine Checkliste

- ☐ Wo lebst du?
- ☐ Hast du eine Familie mit Kindern?
- ☐ Hast du Haustiere?
- ☐ Was ist dein Beruf?
- ☐ Meine Sätze beginnen immer anders.
- ☐ Ich finde eine passende Überschrift.
- ☐ Ich benutze viele Adjektive.
- ☐ Ich schreibe spannend / lustig / traurig.
- ☐ Zum Schluss lese ich meinen Text noch einmal durch und kontrolliere ihn auf Rechtschreibfehler.
- ☐ Wenn ich möchte, trage ich meinen Text laut und fließend jemandem vor.

Eine Pizza belegen

Magst du Pizza? ☐ ja ☐ nein

☐ Beschreibe genau, wie du diese Pizza belegst!

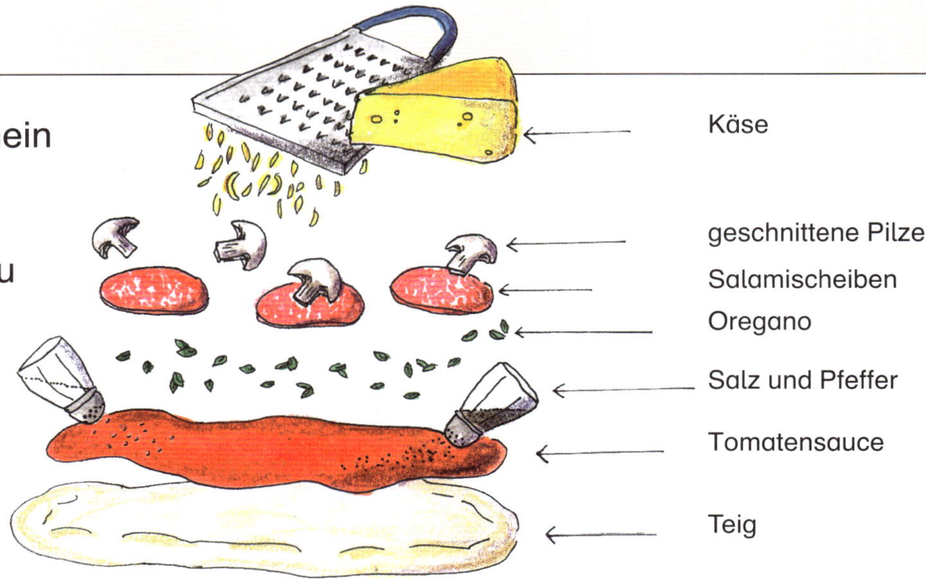

Diese Wörter helfen dir dabei!

Satzanfänge			
Anschließend	Auf	Zu Beginn	Darauf
Als Nächstes	Zuerst	Darüber	

Verben			
bestreuen	salzen	belegen	würzen
geben	ausrollen		

Zu Beginn rolle ich ...

- [ ] Stell dir vor, du hast bald Geburtstag und möchtest deine Freunde einladen.
- [ ] Schreibe ihnen eine Einladung!

Diese Überlegungen helfen dir!

- [ ] Begrüßung (Liebe/r)
- [ ] Warum feierst du?
- [ ] Wann ist deine Feier? (Datum)
- [ ] Um wie viel Uhr sollen die Gäste kommen?
- [ ] Was macht ihr?
- [ ] Sollen die Kinder etwas mitbringen?
- [ ] Wann ist die Feier vorbei?
- [ ] Verabschiede dich!

Einladung

- [ ] Bemale nun deine Einladung!

☐ Schreibe die Geschichte weiter!

Eine Briefmarke erzählt:

»Da lag ich nun schon so lange beim Postamt und wartete darauf, dass mich jemand kauft, auf einen Brief klebt und ich endlich meine lange Reise starten konnte.
Dann war es soweit. Ein Kind kaufte mich, leckte mich an und klebte mich auf ein dickes Paket. Ich flog ... «

Ich flog ...

Meine Checkliste

- ☐ Wo spielt meine Geschichte?
- ☐ Wann spielt meine Geschichte?
- ☐ Wer spielt mit?
- ☐ Ich erzähle in der richtigen Reihenfolge.
- ☐ Ich lasse meine Personen auch mal sprechen.
- ☐ Meine Sätze beginnen immer anders.
- ☐ Meine Geschichte hat einen Schluss.
- ☐ Ich benutze viele Adjektive.
- ☐ Ich schreibe spannend / lustig / traurig.
- ☐ Zum Schluss lese ich meine Geschichte noch einmal durch und kontrolliere sie auf Rechtschreibfehler.
- ☐ Wenn ich möchte, trage ich meine Geschichte laut und fließend jemandem vor.

☐ Erzähle das Märchen von Rotkäppchen!

Rotkäppchen

Es war einmal

Meine Checkliste

- [ ] Wo spielt das Märchen?
- [ ] Wer spielt mit?
- [ ] Ich erzähle in der richtigen Reihenfolge.
- [ ] Ich lasse meine Personen auch mal sprechen.
- [ ] Meine Sätze beginnen immer anders.
- [ ] Ich schreibe die Überschrift nach.
- [ ] Das Märchen hat einen Schluss.
- [ ] Ich benutze viele Adjektive.
- [ ] Ich schreibe spannend / lustig / traurig.
- [ ] Zum Schluss lese ich das Märchen noch einmal durch und kontrolliere es auf Rechtschreibfehler.
- [ ] Wenn ich möchte, trage ich das Märchen laut und fließend jemandem vor.

- [ ] Schaue dir das Bild genau an!
- [ ] Überlege dir, was passiert!
- [ ] Wer spielt mit?

Namen: ______________________________

Überschrift

Meine Checkliste

- [ ] Wo spielt meine Geschichte?
- [ ] Wann spielt meine Geschichte?
- [ ] Wer spielt mit?
- [ ] Ich erzähle in der richtigen Reihenfolge.
- [ ] Ich lasse meine Personen auch mal sprechen.
- [ ] Meine Sätze beginnen immer anders.
- [ ] Ich finde eine passende Überschrift.
- [ ] Meine Geschichte hat einen Schluss.
- [ ] Ich benutze viele Adjektive.
- [ ] Ich schreibe spannend / lustig / traurig.
- [ ] Zum Schluss lese ich meine Geschichte noch einmal durch und kontrolliere sie auf Rechtschreibfehler.
- [ ] Wenn ich möchte, trage ich meine Geschichte laut und fließend jemandem vor.

☐ Lies!

Unfallprotokoll

Was ist passiert?	Unfall während der Pause – Beim Fangenspielen sind zwei Kinder zusammengestoßen.
Wer war beteiligt?	Miriam Koch und Astrid Meyer
Wann ist es passiert?	Am 8. Januar gegen 9.30 Uhr
Wo ist es passiert?	Auf dem Pausenhof der Erich-Kästner-Grundschule in der Stadt Falkenhain
Was passierte dann?	Anruf bei der Feuerwehr – Kinder fuhren mit dem Krankenwagen in das Krankenhaus. Miriam: Blutige Lippe, Astrid: Gehirnerschütterung

So hat die Lehrerin ein Protokoll in ein Unfallbuch geschrieben.

☐ Du sollst nun in der Schülerzeitung von diesem Unfall berichten!

SCHÜLERZEITUNG

Überschrift

- [ ] Schaue dir dieses Bild lange und genau an!
- [ ] Schreibe eine spannende Geschichte dazu!
- [ ] Schreibe, wie die Geschichte enden könnte!

Überschrift

Meine Checkliste

- ☐ Wo spielt meine Geschichte?
- ☐ Wann spielt meine Geschichte?
- ☐ Wer spielt mit?
- ☐ Ich erzähle in der richtigen Reihenfolge.
- ☐ Ich lasse meine Personen auch mal sprechen.
- ☐ Meine Sätze beginnen immer anders.
- ☐ Ich finde eine passende Überschrift.
- ☐ Meine Geschichte hat einen Schluss.
- ☐ Ich benutze viele Adjektive.
- ☐ Ich schreibe spannend / lustig / traurig.
- ☐ Zum Schluss lese ich meine Geschichte noch einmal durch und kontrolliere sie auf Rechtschreibfehler.
- ☐ Wenn ich möchte, trage ich meine Geschichte laut und fließend jemandem vor.

☐ Schau dir das Bild lange und genau an!
Sicherlich fällt dir eine gute Geschichte dazu ein.

☐ Gib den Personen Namen! Schreibe nun!

Überschrift

Meine Checkliste

- ☐ Wo spielt meine Geschichte?
- ☐ Wann spielt meine Geschichte?
- ☐ Wer spielt mit?
- ☐ Ich erzähle in der richtigen Reihenfolge.
- ☐ Ich lasse meine Personen auch mal sprechen.
- ☐ Meine Sätze beginnen immer anders.
- ☐ Ich finde eine passende Überschrift.
- ☐ Meine Geschichte hat einen Schluss.
- ☐ Ich benutze viele Adjektive.
- ☐ Ich schreibe spannend / lustig / traurig.
- ☐ Zum Schluss lese ich meine Geschichte noch einmal durch und kontrolliere sie auf Rechtschreibfehler.
- ☐ Wenn ich möchte, trage ich meine Geschichte laut und fließend jemandem vor.

☐ Schreibe zu diesem Bild eine passende Geschichte!

☐ Erfinde auch einen Schluss!

Überschrift

Meine Checkliste

- ☐ Wo spielt meine Geschichte?
- ☐ Wann spielt meine Geschichte?
- ☐ Wer spielt mit?
- ☐ Ich erzähle in der richtigen Reihenfolge.
- ☐ Ich lasse meine Personen auch mal sprechen.
- ☐ Meine Sätze beginnen immer anders.
- ☐ Ich finde eine passende Überschrift.
- ☐ Meine Geschichte hat einen Schluss.
- ☐ Ich benutze viele Adjektive.
- ☐ Ich schreibe spannend / lustig / traurig.
- ☐ Zum Schluss lese ich meine Geschichte noch einmal durch und kontrolliere sie auf Rechtschreibfehler.
- ☐ Wenn ich möchte, trage ich meine Geschichte laut und fließend jemandem vor.

Vielleicht wirst du später einmal Schriftsteller. Also jemand wie Astrid Lindgren oder Erich Kästner, die weltbekannte Bücher geschrieben haben. Die beiden hatten einfach nur gute Ideen für Geschichten und haben diese dann aufgeschrieben.

© Roine Karlsson

☐ Versuche du nun mal ganz allein an deiner eigenen, völlig selbst erfundenen Geschichte zu schreiben! Viel Spaß dabei!

Überschrift

☐ Magst du die Geschichte jemandem schenken?
Dann schreibe sie noch einmal ab!

Meine Checkliste

☐ Wo spielt meine Geschichte?

☐ Wann spielt meine Geschichte?

☐ Wer spielt mit?

☐ Ich erzähle in der richtigen Reihenfolge.

☐ Ich lasse meine Personen auch mal sprechen.

☐ Meine Sätze beginnen immer anders.

☐ Ich finde eine passende Überschrift.

☐ Meine Geschichte hat einen Schluss.

☐ Ich benutze viele Adjektive.

☐ Ich schreibe spannend / lustig / traurig.

☐ Zum Schluss lese ich meine Geschichte noch einmal durch und kontrolliere sie auf Rechtschreibfehler.

☐ Wenn ich möchte, trage ich meine Geschichte laut und fließend jemandem vor.